Anonymität im Internet. Wie sicher ist der Tor Browser?

Daniel Hitz

Bibliografische Information der Deutschen Nationalbibliothek:

Die Deutsche Nationalbibliothek verzeichnet diese Publikation in der Deutschen Nationalbibliografie; detaillierte bibliografische Daten sind im Internet über http://dnb.d-nb.de abrufbar.

ISBN: 9783346828699
Dieses Buch ist auch als E-Book erhältlich.

Druck und Bindung: Books on Demand GmbH, Norderstedt Germany
Gedruckt auf säurefreiem Papier aus verantwortungsvollen Quellen

Das vorliegende Werk wurde sorgfältig erarbeitet. Dennoch übernehmen Autoren und Verlag für die Richtigkeit von Angaben, Hinweisen, Links und Ratschlägen sowie eventuelle Druckfehler keine Haftung.

Das Buch bei GRIN: https://www.grin.com/document/1331674

SEMINARARBEIT

Anonymität im Internet

von

Daniel Marcel Hitz

Inhaltsverzeichnis

1 Einleitung

Eine Welt ohne Internet ist heute nicht mehr vorstellbar. Betrachtet man den zeitlichen Horizont, von der Erfindung des Internets bis heute, ist eine exponentielles Nutzerwachstum erkennbar.

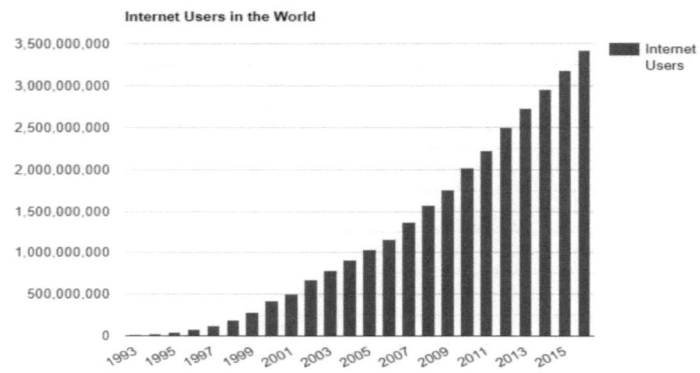

Abbildung 1: Internet-Users in the World (Internet live stats)

Viele Erfindungen wie Google oder Facebook gab es vor 25 Jahren noch gar nicht. Die Google Search Engine ging 1998 online („History of Google", 2022); Facebook gibt es sogar erst seit 2004 („History of Facebook", 2022). Der Spruch «Daten sind das Gold des 21. Jahrhunderts» ist seit ein paar Jahren omnipräsent. Demnach ist es auch nicht sonderlich verwunderlich, dass PwC festgestellt hat, dass die Werbeeinnahmen im Internet exponentiell ansteigen.(*Internet-Advertising-Revenue-Report.pdf*, o. J.).

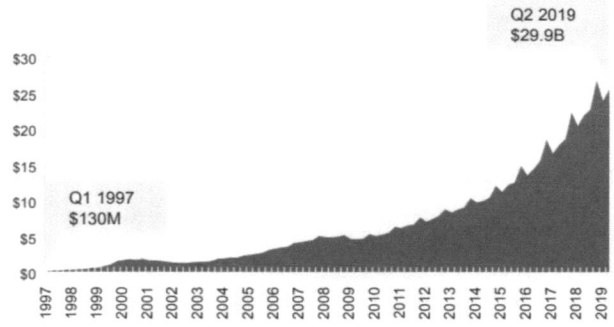

Abbildung 2: Internet Advertising Revenue Growth (Internet-Advertising-Revenue-Report.pdf, o. J.)

Immer mehr Leute stören sich nun aber daran, dass ihre Nutzerdaten zu Marketingzwecken missbraucht werden und dass ihr Leben auf Schritt und Tritt ausspioniert wird. Konventionelle, internetfähige Geräte und Browser sind darauf ausgelegt, permanent Benutzerdaten zu sammeln. Der Wunsch nach Anonymität scheint mit der modernen Online-Technologie des 21. Jahrhunderts nicht vereinbar zu sein. Doch ein Militärprojekt aus den USA gibt Anlass zur Hoffnung auf die Zurückgewinnung der Anonymität im Netz:

In den 1990er Jahren wurde der Mangel an Sicherheit im Internet und die damit verbundene Möglichkeit zur Verfolgung und Überwachung deutlich. 1995 fragten sich David Goldschlag, Mike Reed und Paul Syverson vom U.S. Naval Research Lab (NRL), ob es eine Möglichkeit gibt, Internetverbindungen herzustellen, die nicht verraten, wer mit wem spricht, nicht einmal für jemanden, der das Netzwerk überwacht. Ihre Antwort bestand darin, die ersten Forschungsdesigns und Prototypen des Onion-Routings zu erstellen und einzusetzen. (*Torproject*, 2022)

Das ist die Geburtsstunde des Tor Projects.

2 Forschungsfrage und Zielsetzung

Neue Technologien werfen auch neue Fragen auf. Die Forschungstrage zum Thema «Anonymität im Internet» definiert sich wie folgt:

Wo liegen die Grenzen der Anonymität im Internet, bei der Benutzung des Tor Browsers?

Um diese komplexe Fragestellung beantworten zu können, lautet die erste Unterfrage:

1. Wie ist Anonymität (im Internet) definiert?

Im Anschluss wird der Tor Browser in das Zentrum der Untersuchung gestellt und die internen sowie externen Grenzen bezüglich der Wahrung der Anonymität im Internet untersucht. Somit ergeben sich die folgenden zwei Unterfragen:

2. Mit welchen Techniken stellt der Tor-Browser die Anonymität im Internet sicher und wo liegen deren Grenzen?

3. Durch welche externen Faktoren wird die Anonymität eingeschränkt?

2.1 Wie ist Anonymität (im Internet) definiert?

Anonymität, Privatsphäre, Datenschutz. Tagtäglich trifft man in Zeitungen, Nachrichten, Podcasts usw. auf diese Begriffe. In diesem Kapitel soll die Frage geklärt werden, was Anonymität ist und was Anonymität in Bezug auf die Nutzung des Internet bedeutet.

2.1.1 Ursprung und Definition in der deutschen Sprache

Das Adjektiv «anonym» wurde im 18. Jahrhundert aus der griechischen Sprache entlehnt. Das Substantiv «Anonymität» ist morphologisch zugehörig. Die Bedeutung ist: «nicht bekannt, ohne Nennung des Namens» (Kluge et al., 1989).

Der Duden (2019) definiert das Substantiv «Anonymität» folgerichtig als «das Nichtbekanntsein, Nichtgenanntsein, Namenlosigkeit».

2.1.2 Aus Sicht des Gesetzgebers (DACH Region)

In der schweizerischen Gesetzgebung trifft man vielerorts auf «Anonymität» und «anonymisiert», eine weiterführende Definition oder Eingrenzung des Begriffs findet sich jedoch nicht (DSG, 1993), (StGB CH, 1918).

Die deutsche Gesetzgebung definiert anonyme Informationen als «Informationen, die sich nicht auf eine identifizierte oder identifizierbare natürliche Person beziehen, oder personenbezogene Daten, die in einer Weise anonymisiert worden sind, dass die betroffene Person nicht oder nicht mehr identifiziert werden kann» (DSGVO, 2018).
Im (StGB DE, 1998) wird Anonymität nicht thematisiert.

In Österreich gilt als europäisches Land ebenfalls die (DSGVO, 2018), ferner ist im (StGB AT, 1975) auch kein Eintrag über Anonymität auffindbar.

2.1.3 Definitionen aus der IT-Fachliteratur

Anonymität ist die Ausübung eines Grundrechtes, konkret auf das Recht der informationellen Selbstbestimmung. Informationelle Selbstbestimmung bedeutet, jederzeit zu wissen und darüber bestimmen zu können, wer was wann und bei welcher Gelegenheit über einen weiss (Bäumler & von Mutius, 2003).

Anonymität ist der Gegenpol der Identifizierbarkeit. Eine Person verliert seine Anonymität in einer sozialen Interaktionssituation in dem Moment, in dem sie sich mit einer Identität identifiziert. Identität ist in diesem Kontext als die Idee eines Subjekts als unteilbares Letztelement definiert (Friedewald et al., 2022).

Anonymität beschreibt den Wunsch auf Privatsphäre. Jeder wird ständig beobachtet, zu Hause, auf der Strasse, in einem Café sitzend oder auf der Autobahn fahrend. Computer, Telefone Autos, Alarmanlagen und sogar Kühlschränke bieten Zugangspunkte zu jedermann s Privatleben (Mitnick, 2018).

Anonymität und Intimität sind zwei Ausprägungen der staatsbasierten Perspektive auf die Privatsphäre. Sie bezeichnen und definieren Zustände, wie wir miteinander umgehen. Zusammen mit Sensibilität und Datenschutz (Informationskontrolle) bilden sie ein Framework welches wir als Privatsphäre bezeichnen
(Knijnenburg et al., 2022).

«Anonymität (von altgriechisch anónymos „ohne Namen") bezeichnet das Fehlen der Zuordnung einer Person zu einer von ihr ausgeübten Handlung bis hin zur absichtlichen Geheimhaltung. Sie kann zum Schutz der Freiheit des Einzelnen dienen. Der Gesetzgeber hat sie deswegen in verschiedenen Bereichen vorgesehen. So wird beispielsweise das Wahlgeheimnis verpflichtend, die anonyme Information, Meinungsäußerung und Versammlung als Rechte verfassungsrechtlich garantiert.» (Erle, 2020).

2.1.4 Zusammenfassung

Die Aussagen aus 2.1.1. und 2.1.2. lassen sich konsolidieren in: «das Nichtbekanntsein, Nichtgenanntsein, Namenlosigkeit, Nichidentifizierbarkeit». 2.1.3. geht noch einen Schritt weiter, und definiert Anonymität im Kontext einer Handlung (im Internet). «Informelle Selbstbestimmung, Nichidentifizierbarkeit, Wunsch nach Privatsphäre, das Fehlen der Zuordnung einer Person zu einer von ihr ausgeübten Handlung bis hin zur absichtlichen Geheimhaltung».

Anonymität hat zwei Gesichter:

1. Das Grundrecht sich nicht (gegenüber jedermann und in jeder Situation) identifizieren zu müssen, zum Beispiel beim Einkaufen im Supermarkt oder beim Online-Power.
2. Die absichtliche Geheimhaltung oder Verschleierung der Identität, zum Beispiel durch die Nutzung eines Nicknames in einem Chatforum oder der Nutzung des Tor-Browsers, um im Internet zu surfen, um die IP Rückverfolgung und somit die Identifizierbarkeit bestmöglich zu verunmöglichen.

2.1.5 Schlussfolgerung

Anonymität, insbesondere im Internet, bezeichnet den Wunsch auf ein namensloses, nicht identifizierbares Auftreten/Agieren. Das Anwendungsspektrum reicht dabei vom Grundrecht auf Schutz der Privatsphäre und persönlichen Daten bis hin zur absichtlichen Verschleierung der Identität zwecks der Umsetzung einer strafbaren Handlung.

2.2 Mit welchen Techniken stellt der Tor-Browser die Anonymität im Internet sicher und wo liegen deren Grenzen?

2.2.1 Die Techniken

Die Tatsache, dass Tor die Daten in Layer verpackt (wie eine Zwiebel), ist der Grund für die Namensgebung (The Onion Router). Die ab einem Computer versendeten Daten, werden über mehrere Relais/Nodes umgeleitet, die von Millionen von Anbietern überall in der Welt betrieben werden. Auf diese Weise werden die Sicherheits-Layer erzeugt. Tor versteckt die IP-Adresse und ersetzt sie bei jeder Datenübermittlung durch eine fremde IP-Adresse. So ist es praktisch unmöglich, den Ursprung zurückzuverfolgen. (Robson, 2022)

Onion-Routing wird durch Verschlüsselung in der Anwendungsschicht eines Kommunikationsprotokollpakets implementiert, verschachtelt wie die Schichten einer Zwiebel. Tor verschlüsselt die Daten, einschliesslich der Ziel-IP des nächsten Knotens mehrfach und sendet es über eine virtuelle Route, bestehend aus aufeinanderfolgenden, zufällig ausgewählten Tor-Relais. Jedes Relais entschlüsselt eine Schicht der Verschlüsselung, um das nächste Relais der Route freizulegen und die verbleibenden, verschlüsselten Daten an dieses Relais zu übergeben. Das letzte Relais entschlüsselt die innerste Schicht der Verschlüsselung und sendet die Originaldaten an die Zieladresse, ohne Offenlegung oder Kenntnis der Quell-IP-Adresse. Weil das Routing der Kommunikation über alle Hops im Tor Kreislauf grösstenteils im Verborgenen stattfindet, eliminiert diese Methode jeden einzelnen Punkt, an dem die kommunizierenden Peers über eine Netzwerküberwachung ermittelt werden könnten, die wiederum auf die Quelle oder das Ziel hinweisen könnten. Tor ist nicht dazu gedacht, das Problem der Anonymität auf der Website vollständig zu lösen. (Gates, 2021)

TOR sendet den Internetverkehr über Relais durch ein globales Netzwerk von tausenden von Servern, um den Standort und die Aktivität eines Clients vor Überwachung und Datenverkehrs-Analysen zu bewahren. Die TOR-Server, die die Relais bereitstellen, werden von Freiwilligen betrieben, die an Schutz der Privatsphäre und an Sicherheit im Internet interessiert sind. Anstatt einer direkten Verbindung mit der Quelle oder dem Ziel ihrer Kommunikation verläuft der

Netzwerkverkehr der Benutzer über eine große Anzahl von Servern. Auf diese Weise werden potenzielle Tracker in die Irre geführt. (Cooper, 2017)

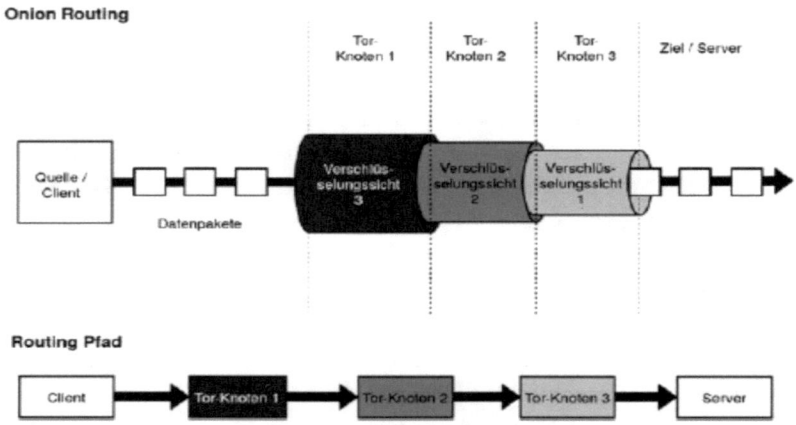

Abbildung 3: Onion Routing / Onion Pfad (Friedewald et al., 2022, S. 153)

2.2.2 Zusammenfassung

Tor leitet die Datenpakete in verschlüsselten Layern über eine Anzahl Relais um, die jeweils nur den obersten Layer entschlüsseln, um zwecks Weiterleitung des Pakets die nachfolgende IP-Adresse auslesen zu können. Dieser Layer fällt anschliessend weg und wird nicht an die nächste Instanz übertragen (wie wenn man eine Zwiebel schälten würde, daher auch der Name des Browsers). Das letzte Relais (Exit Node) entschlüsselt die Nachricht vollständig und überträgt das Paket unverschlüsselt zu ihrem Ziel.

2.2.3 Die Grenzen

2.2.3.1 Traffic confirmation

Traffic confirmation ermöglicht es einem Netzbetreiber oder einem entsprechend ausgerüsteten Gegner, der die passive Überwachung beherrscht, festzustellen, ob ein Nutzer Tor benutzt oder nicht (Davidsson, 2015).

2.2.3.2 End-to-end attacks

Benutzer müssen sich in der Regel selbst vor End-to-End-Bedrohungen, wie bösartigem JavaScript, WebRTC-Exploits und anderen Protokollen oder Diensten, schützen, die möglicherweise Datenverkehr über das normale Internet an einen von Angreifern kontrollierten Computer senden (Davidsson, 2015).

2.2.3.3 http Attack

Tor versteckt zwar die IP-Adresse des Benutzers vor dem Ziel-Server, verschlüsselt aber nicht die gesamte Kommunikation. Das letzte Relais im Pfad, der sogenannte Exit Node, stellt die Verbindung zum Zielserver her. Dieser Teil des Datenflusses kann unverschlüsselt sein (*Limitations of the Tor Network*, o. J.)

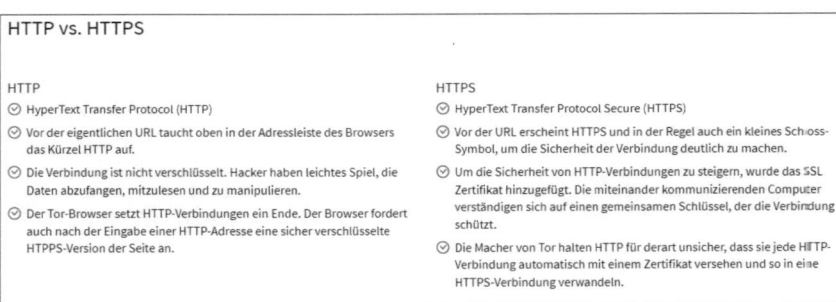

Abbildung 4: HTTP vs HTTPS (Eckermann, 2022)

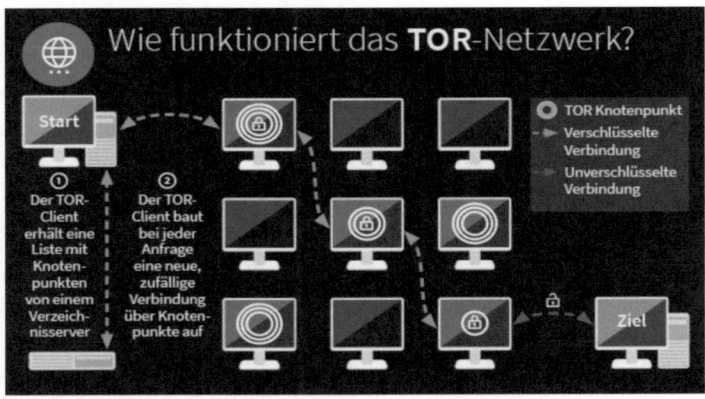

Abbildung 5: Tor Routing (Eckermann, 2022)

Der Benutzer muss selbst dafür besorgt sein, eine Verbindung zu einem Server immer über https herzustellen (*Limitations of the Tor Network*, o. J.).

Die gesendeten Daten sind nicht zwingend sicher. Beispielsweise können Log-In-Daten, Kreditkarteninformationen oder Adressen bei der Eingabe in ein Webformular auch trotz Tor ausgelesen werden (Eckermann, 2022).

Deshalb muss man den Sicherheitswarnungen im Tor-Browser grösste Aufmerksamkeit schenken. Wenn man eine solche Warnung erhält, sofort die Funktion „Neue Identität" des Tor-Browsers ausführen, um einen neuen Ausgangsknoten zu erhalten (*Limitations of the Tor Network*, o. J.).

2.2.4 Schlussfolgerung
Der Tor-Browser ist ein sehr gutes Werkzeug, das die Grundvoraussetzungen für eine Anonymisierung bereitstellt. Schlussendlich ist es aber eine Frage der korrekten Anwendung, in welchem Masse die Anonymisierung gelingt.

Perfekte Anonymität ist grundsätzlich unmöglich, selbst mit Tor (*Tor FAQ*, o. J.).

2.3 Durch welche externen Faktoren wird die Anonymität eingeschränkt?
Mit «externen Faktoren» sind sämtliche Massnahmen Dritter gemeint, die zum Ziel haben, die Identität eines Tor Benutzers aufzudecken.

2.3.1 Man-in-the-Middle
Sehr beliebt ist auch die Man-in-the-Middle Attacke (MitM). Der Angreifer täuscht hierbei vor, ein regulärer Tor-Exit-Node zu sein und kann somit den ganzen Datenverkehr mitlesen (*Limitations of the Tor Network*, o. J.).

2.3.2 Honeypot-Server
Eine Möglichkeit zur Identifizierung von tatverdächtigen Personen ist das Aufsetzen und Betreiben von Honeypot-Servern. Ein Honeypot ist eine gefälschte Computerressource, mit deren Hilfe Angreifer angelockt werden sollen (Friedewald et al., 2022).
Das gilt natürlich auch für Server, auf denen Deep Web-Seiten gespeichert sind (Eckermann, 2022).

2.3.3 Hacking

Die Anonymität der Tor-Kommunikation kann aufgehoben werden, wenn sich jemand Zugriff zum Tor-Browser verschafft, denn auch dieser ist wie jede andere Software manipulierbar (Eckermann, 2022).

3 Methodik und Aufbau

Aufgrund der Menge an Literatur und Themenfeldern zu dieser Thematik soll durch eine quantitative Studie von der Wortherkunft über den allgemeinen Rechtsgebrauch bis zu IT eine unabhängige, allgemeingültige These erarbeitet werden. Es wird dabei ein deduktiver Ansatz verfolgt.

Die Arbeit basiert auf einer Literaturanalyse. Die Literatur wurde durch Online-Recherche evaluiert. Diese besteht aus physischen Büchern, eBooks, Papers, Studien und Websites. Der Fokus wurde dabei auf Fachliteratur gelegt. Bei den Papers, Studien und Websites wurde darauf geachtet, seriöse Quellen zu verwenden.

4 Begriffsdefinition und Abgrenzung

4.1 Darknet / Darkweb

Darkweb bezeichnet die Gesamtzahl aller Darknets. Netzwerke, die überwiegend für dubiose Aktivitäten verwendet werden (*Kaspersky Wiki*, 2021).

4.2 Deepnet

Das Deep Web bezeichnet den gesamten Bereich des Internets, welcher mit normalen Mitteln nicht auffindbar ist (*Kaspersky Wiki*, 2021).

4.3 Surface Web

Mit dem Surface Web ist das Netz gemeint, in dem wir uns tagtäglich bewegen und sich der Inhalt befindet, der über Standard-Suchmaschinen gefunden werden kann. Synonyme für das Surface Web sind Clearnet, Oberflächenweb oder Visible Web (*Kaspersky Wiki* 2021).

4.4 Tor-Browser

Tor ist eine kostenlose Software zur Ermöglichung der anonymen Kommunikation (Gates, 2021).

5 Existierende Theorien und Konzepte

Wie bei allem, was grösstenteils unbekannt ist, existieren auch rund um das Darknet viele Mythen und Geschichten. Untenstehend eine nicht abschliessende Sammlung:

Mythos 1
Viele Menschen assoziieren mit Massnahmen zur Verdeckung der eigenen Identität Geheimagenten, Paranoiker und Kriminelle. Deshalb wird oft die Frage aufgeworfen, ob bereits die Nutzung des Darknets strafbar sei. Die Antwort lautet natürlich «NEIN» (Rückert, 2018).

Mythos 2
Darknet = Deep Web (*Into the darkness*, 2016). Auflösung siehe *Kapitel 4*

Mythos 3
Kriminelle Machenschaften finden nur im Darknet statt. Das ist natürlich Nonsens, kriminelle Machenschaften finden überall statt (*Into the darkness*, 2016).

Mythos 4
Das Darknet ist riesig. Das stimmt leider ebenfalls nicht. Im Vergleich zum Surface Web ist es eher winzig (*Into the darkness*, 2016).

6 Diskussion

6.1 Zusammenfassung der Ergebnisse

Anonymität sollte ein Grundrecht sein, anonym im Internet unterwegs zu sein, ist aber mit gängigen Mitteln unmöglich. Es gibt Lösungsansätze, die eine Anonymisierung ermöglichen, diese sind aber vergleichsweise kompliziert, relativ unbekannt und mit Vorurteilen behaftet.

6.2 Interpretation der Ergebnisse

Die digitale Welt wird uns als unverzichtbar verkauft; wer «dabei sein» will, muss einen Fitnesstracker, ein iPhone, einen PC und ein Notebook haben, am besten noch einen smarten Kühlschrank und einen Smart-TV. Durch den ganzen Technik-Hype merken wir nicht, dass wir uns freiwillig einer 24h Überwachung aussetzen und die daraus gewonnen Daten anschliessend gesammelt und gewinnbringend vermarktet werden. Vielleicht wäre es sinnvoll, sich einmal Gedanken über seinen digitalen Fussabdruck zu machen und unser Verhalten und Vertrauen in Bezug auf die digitale Welt zu überdenken?

6.3 Beschränkungen der Forschung

Die vorliegende Forschung beschränkt sich auf die grundlegende Definition von Anonymität in der deutschen Sprache (Dach Region), sowie Anonymität in Bezug auf das Internet. Die verwendeten technischen Begriffe setzen ein Grundverständnis in der Informationstechnologie voraus. Spezielle Begrifflichkeiten werden im Kapitel 4 erklärt.

6.4 Empfehlung für weiterführende Forschung

Als ein anschliessendes Forschungsthema könne ich mir folgende Hypothese vorstellen: «Menschen lassen sich aus Faulheit lieber permanent überwachen/tracken, als dass Sie Hilfsmittel gegen eine Überwachung in Erwägung ziehen.»

7 Fazit

Es ist den meisten Personen klar, dass ihre Daten, wenn immer möglich, gesammelt, ausgewertet und verkauft werden. Fragt man nach, ob sie das nicht stört, bekommt man meist die gleiche Antwort: «Ich habe ja nichts zu verbergen». Zu diesem Verhalten gibt es sogar einen Wikipedia Artikel („Nichts-zu-verbergen-Argument", 2022).

Der Mensch ist leider von Natur aus faul (Wolf, 2015). Daher wird sich wohl in Bezug auf den Umgang mit Daten kaum etwas am Verhalten der meisten Menschen ändern, solange keine offensichtlichen Gründe dafür vorliegen. Leider sind die Gründe zu subtil, als dass es ein «Standard-Homosapiens» verstehen würde. Wie immer muss erst etwas passieren, bevor man reagiert, und das auch erst dann, wenn es einen persönlich betrifft.

Alternative Technologien wie der Tor Browser werden nicht akzeptiert und mit dem Argument abgetan, dass man nichts zu verbergen habe und dies nur etwas für Kriminelle sei. Leider ist es scheinbar zu anstrengend, sich selbst ein eigenes Bild zu machen…

8 Literaturverzeichnis

Bäumler, H., & von Mutius, A. (Hrsg.). (2003). *Anonymität im Internet.* Vieweg+Teubner Verlag. https://doi.org/10.1007/978-3-663-05790-1

Bin ich völlig anonym, wenn ich Tor benutze? | Tor Project | Hilfe. (o. J.). Abgerufen 8. Juli 2022, von https://support.torproject.org/de/faq/staying-anonymous/

Bundesgesetz vom 19. Juni 1992 über den Datenschutz, Pub. L. No. SR 235.1, 24 (1993). https://www.fedlex.admin.ch/eli/cc/1993/1945_1945_1945/de

Cooper, A. (2017). *Hacking: Ultimate Hacking Guide: Hacking For Beginners And Tor Browser.* CreateSpace Independent Publishing Platform.

Davidsson, Á. (2015). *Tor – the Onion Routing Network.* 12. https://www.cert.se/2015/11/2015-11-20_Tor_-_the_Onion_Routing_Network.pdf

Deutsches Strafgesetzbuch, 171 (1998). https://www.gesetze-im-internet.de/stgb/StGB.pdf

Eckermann, I. M. (2022, April 14). *Was ist das Darknet? Plattform für illegale Geschäfte.* https://www.gdata.ch/ratgeber/was-ist-eigentlich-das-darknet

Erle, A. (2020). *Spurlos im Internet.* Stiftung Warentest.

Europäische Datenschutz-Grundverordnung, 260 (2018).

Friedewald, M., Kreutzer, M., & Hansen, M. (Hrsg.). (2022). *Selbstbestimmung, Privatheit und Datenschutz: Gestaltungsoptionen für einen europäischen Weg.* Springer Fachmedien Wiesbaden. https://doi.org/10.1007/978-3-658-33306-5

Gates, S. (2021). *Tor Anonymity Network 101 An Introduction to The Most Private Part of The Internet.* Books on Demand GmbH. https://nbn-resolving.org/urn:nbn:de:101:1-2021012200072639455802

History of Facebook. (2022). In *Wikipedia.* https://en.wikipedia.org/w/index.php?title=History_of_Facebook&oldid=1087367359

History of Google. (2022). In *Wikipedia.* https://en.wikipedia.org/w/index.php?title=History_of_Google&oldid=1088456628

Internet-Advertising-Revenue-Report.pdf. (o. J.).

Into the darkness: 3 Mythen zum Darknet. (2016). Avira Blog. https://www.avira.com/de/blog/3-mythen-darknet

Kluge, F., Bürgisser, M., Gregor, B., & Seebold, E. (1989). *Etymologisches Wörterbuch der deutschen Sprache* (22. Aufl). de Gruyter.

Knijnenburg, B. P., Page, X., Wisniewski, P., Lipford, H. R., Proferes, N., & Romano, J. (Hrsg.). (2022). *Modern Socio-Technical Perspectives on Privacy*. Springer International Publishing. https://doi.org/10.1007/978-3-030-82786-1

Limitations of the Tor network. (o. J.). Tails. https://tails.boum.org/doc/about/warnings/tor/index.en.html

Mitnick, K. (2018). *Die Kunst der Anonymität im Internet so schützen Sie Ihre Identität und Ihre Daten*.

Nichts-zu-verbergen-Argument. (2022). In *Wikipedia*. https://de.wikipedia.org/w/index.php?title=Nichts-zu-verbergen-Argument&oldid=220460573

Österreichisches Strafgesetzbuch, (1975). https://www.jusline.at/gesetz/stgb

Robson, J. (2022). *Tor Browser*. Bengion Cosalas.

Rückert, C. (2018). *DAS DARKNET: BLICK IN EINE SCHATTENWELT*. 10.

Schweizerisches Strafgesetzbuch, Pub. L. No. 311.0, 198 (1918). https://fedlex.data.admin.ch/filestore/fedlex.data.admin.ch/eli/cc/54/757_781_799/20200701/de/pdf-a/fedlex-data-admin-ch-eli-cc-54-757_781_799-20200701-de-pdf-a.pdf

The Tor Project | Privacy & Freedom Online. (2022). https://torproject.org

Wolf, G. (2015). *Forscher beweisen: Der Mensch ist von Natur aus faul*. Business Insider. https://www.businessinsider.de/wissenschaft/der-mensch-ist-von-natur-aus-faul-2015-11/

Worin sich Darknet, Darkweb, Deep Web und Surface Web unterscheiden. (2021). https://www.kaspersky.de/blog/deep-web-dark-web-darknet-surface-web-difference/26169/